**Sur chaque page, tu peux suivre la musique
en t'aidant des notes et des signes qui représentent
les sons des instruments, les espaces entre les sons
et le mouvement de ce que tu es en train d'écouter.**

Les percussions

Petit Singe et les instruments de musique

Écrit par Leigh Sauerwein
Illustré par Georg Hallensleben
Musique de Jean Pierlot
Instruments de musique illustrés
par Ute Fuhr et Raoul Sautai
Réalisé par Gallimard Jeunesse
avec le soutien du
conservatoire national de région
de Boulogne-Billancourt

GALLIMARD ♪ MES PREMIÈRES DÉCOUVERTES DE LA MUSIQUE

Au plus profond de la jungle,
tout en haut des plus grands arbres,
les singes dormaient dans leurs nids de feuilles.
Soudain, derrière le feuillage,
apparut un gros soleil rouge.
Un à un, les singes ouvrirent
leurs yeux.

« J'ai faim, dit le plus petit.
— Casse une noix », lui dit sa maman.
Le petit singe craqua, donc,
une grosse noix bien juteuse.
Mmmmh !
Puis une autre, et une autre,
encore une autre !

Et bientôt toutes les familles singe,
les frères, les sœurs et les cousins,
les oncles, les tantes et les grands-parents
prenaient leur petit déjeuner
au sommet des grands arbres.
Craquant, croquant des noix de tous les côtés.

La cuica
À l'intérieur du fût
en métal de ce tambour,
il y a une tige de bois
que l'on frotte avec
un chiffon humide.
Les sons font penser
à des paroles et
à des rires.

Le marimba
Sur ses lames de bois,
on joue avec des
baguettes douces
entourées de fil ou
de laine. En dessous,
les tubes amplifient
le son des lames.

Les timbales
Elles sont en cuivre et leurs baguettes sont munies de bouts de feutre. On peut accorder ou changer les notes des timbales au moyen d'une pédale.

La cabasa
C'est une espèce de hochet, souvent fait d'une calebasse ou d'une noix de coco, entouré de graines très sonores.

Les coquilles de noix glissaient le long des feuilles, rebondissaient de branche en branche tant et si bien que l'une d'entre elles finit par atterrir…
sur la tête d'un gros python.

« Ssssssh ! fit le serpent. Qui ose me réveiller ? »
Et il se mit à grimper lentement le long du tronc.
« Serpent ! Serpent ! Serpent !
hurlèrent tous les singes.
Sauve qui peut ! »

Le petit singe commença
à bondir de branche en branche
d'un sommet à l'autre.
« Attrape-moi donc ! cria-t-il au python.
Espèce de vieux rampant,
cul-de-jatte, balourd !
Youpi ! Yahoooou ! Yahoooou ! »

Soudain, il s'arrêta. Il était tout seul.
« Où suis-je ? se demanda-t-il.
Je ne connais pas ces arbres ! »

Il entendit, alors, un grondement
et la terre se mit à trembler !
Le cœur du petit singe
cognait follement dans sa poitrine.
Il s'accrocha bien fort à sa branche.

En dessous de lui, un éléphant
était en train de prendre
son petit déjeuner de feuilles.
« Rip ! Crunch ! Munch !
Rip ! Crunch ! Munch ! »
Le petit singe s'enfuit à toutes jambes.
Loin, loin, loin…

L'angklung
Plusieurs tiges de
bambous accordées
entre elles font
résonner l'angklung
dont on joue
en le secouant.

Le tambour madalam
Le joueur de madalam
a une main de chaque
côté du tambour.
Il met sur les doigts
une sorte de dé
en plâtre qui
donne un son
fort et sec.

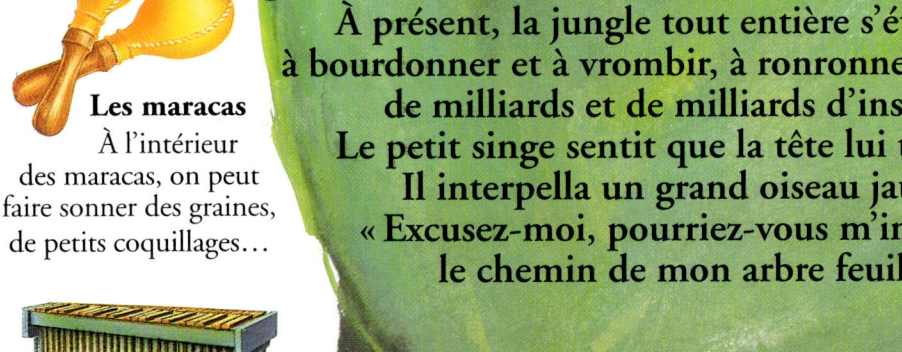

À présent, la jungle tout entière s'était mise
à bourdonner et à vrombir, à ronronner et à vibrer
de milliards et de milliards d'insectes.
Le petit singe sentit que la tête lui tournait.
Il interpella un grand oiseau jaune :
« Excusez-moi, pourriez-vous m'indiquer
le chemin de mon arbre feuillu ?

Les maracas
À l'intérieur
des maracas, on peut
faire sonner des graines,
de petits coquillages…

Le xylophone
Il est fait de petites
lames de bois
dont on joue avec
des baguettes aux
boules très dures,
en bois ou
en plastique.

La guimbarde
On l'appelle aussi
le *tambour de bouche* :
la bouche du joueur
est sa *caisse
de résonance*.

– De ton arbre feuillu ?
Par mon bec et par mes plumes !
De ton arbre feuillu ?
Mais vous l'avez entendu ? »
Tous les oiseaux se tordaient de rire,
en piaillant et en caquetant tant qu'ils pouvaient.
« Mais il en y a cent mille arbres feuillus
dans toute la jungle !
Espèce de macaque riquiqui ! »

La grosse caisse symphonique
Elle a une sonorité très profonde. Dans l'orchestre, elle soutient le *tempo*.

Les cymbales
Ce sont des disques de métal. Il en existe de toutes les tailles. Certaines sont cloutées pour donner une sorte de frémissement.

Le petit singe s'enfuit les larmes aux yeux, mais il dut courir longtemps, longtemps avant que les hurlements de rire des oiseaux aient complètement disparu.

Tout à coup…! Tchak !
Le ciel se zèbre d'un éclair blanc !
Quelque chose explose au-dessus de sa tête.
Un autre éclair ! Une autre explosion !
Et la pluie se met à tomber,
de plus en plus fort, de plus en plus dru.
Le petit singe se cache alors sous une grande feuille
pour attendre la fin de l'orage…

La senza
C'est une simple boîte munie de lamelles métalliques que l'on fait vibrer avec les doigts.

Les cloches de vache
Elles sont très souvent utilisées pour la musique.

Les cloches africaines
Elles sont reliées par deux, chacune produisant un son différent.

Et il se remit en route, mais très vite il se sentit si fatigué qu'il n'arriva plus à se balancer d'arbre en arbre. Alors il s'étendit sur une large branche, et il s'endormit.

Quand il se réveilla,
tout était sombre autour de lui,
les ombres dessinaient des formes étranges.
« C'est la fin du jour, le soleil se couche… »
pensa-t-il.

Bientôt, ce fut la nuit noire.
Le petit singe regarda en l'air
à travers les feuilles et vit les étoiles
qui scintillaient dans le ciel.
Elles avaient l'air très loin.

Il dégringola le long de son arbre.
Prudemment, il se mit à marcher
en scrutant la nuit autour de lui.
Les yeux des bêtes brillaient dans le noir
en le regardant passer.

Les bols japonais
Ils sont posés sur de petits coussins en couleurs. Leur son cristallin résonne très longtemps.

Le tam-tam d'Asie
Il ressemble à un grand gong plat, entièrement en métal.

Les tablas
Le joueur de tablas a une main sur celle de droite, qui est en bois, et l'autre sur celle de gauche, qui est en métal.

La caisse claire
On peut frotter
les balais sur
les peaux de
la caisse claire
et des tambours.

Les bongos
Ce sont de petits
tambours aigus
groupés par deux.
On en joue avec
des baguettes
ou directement
avec les mains.

Les cloches tubes
Même
le vent peut
les faire jouer
en les agitant…

Le petit singe courut aussi vite qu'il le put.
Il arriva à la rivière.

Les chimes africains
Ce sont des fruits durs et creux regroupés sur une tresse.

Les tambours de freins de voiture
Ils font un joli son de cloche aiguë car leur métal est épais. On joue sur les bords avec de grosses tiges en métal.

« Et ça, qu'est-ce que c'est ? »
« Attention, petit singe, siffla une luciole, c'est le crocodile. Il avance silencieusement dans l'eau, puis il se tient parfaitement immobile dans l'ombre, le long de la rive, en attendant sa proie. »

La lune monta dans le ciel étoilé,
le petit singe la regarda monter,
toujours plus haut, toujours plus haut.
« Je ne retrouverai plus jamais mon arbre feuillu »,
sanglotait-il.

Soudain, un grand bras chaud
l'entoura, c'était sa maman.
« Ah ! quelle peur tu m'as faite, aujourd'hui ! lui dit-elle.
Heureusement ces oiseaux idiots
m'ont mise sur la bonne piste.
– Emmène-moi à la maison », murmura le petit singe.

Et avant qu'ils aient atteint
le nid de feuilles, tout en haut de l'arbre feuillu,
il dormait profondément.

Retrouve sur ces pages
tous les instruments à percussion
que tu as écoutés
dans la musique.
Selon les matériaux
qui donnent le son,
on peut les classer
en plusieurs familles :

la famille des métaux,

la famille des peaux,

la famille des bois,

mais aussi, les pierres, les céramiques…

Mes premières découvertes

1 La coccinelle	59 Le bestiaire	107 Framboises	163 Sorcilia	165 Les trésors
2 Le temps	60 Les tableaux	108 Henri Matisse	petite sorcière	engloutis
3 La pomme	61 Les dessins fous	109 Pablo Picasso	170 La montagne	166 Le cinéma
4 La carotte	62 Les voitures	110 Les cordes	171 Le kangourou	167 Le cirque
5 L'œuf	63 Les monstres	111 Les claviers	172 L'orchestre	168 Les portraits
6 L'arbre	64 Les animaux	112 Le pain	173 Le sucre	d'Arcimboldo
7 Le chat	65 Les poissons	113 Les bestioles	174 Le carnaval	169 La tournée
8 La couleur	66 Les têtes	114 Atlas de France	175 Le lapin	du Père Noël
10 Sous la terre	67 Atlas des pays	115 Chapeau magique	176 Le désert	180 Les métiers
11 La terre et le ciel	68 Atlas des plantes	116 Sorcière et chat	177 Le camouflage	de la nuit
12 L'automobile	69 Atlas des animaux	117 Petit ogre vert	178 Le lait	181 Le zoo la nuit
13 Le chien	70 Atlas des peuples	118 Robo Lapin	179 L'hôpital	182 Les spectacles
15 L'oiseau	71 La nature	et les pirates	184 Toupaille	183 La fête foraine
16 Le bord de mer	72 Les maisons	119 Les pompiers	petit épouvantail	191 La jungle
17 Le château fort	73 La symétrie	120 Atlas des îles	185 Lou	212 Fées, sorcières,
18 L'eau	74 Les grimaces	121 Fernand Léger	petit loup-garou	lutins & Cie
19 La fleur	75 La mode	122 Le canard	186 Le rap	
20 L'ours	76 Cochons & Cie	123 Le loup miaou	187 Le crocodile	**Livre-rébus**
22 L'avion	77 La grenouille	124 Méchant loup	188 Les cinq sens	193 Les dinosaures
23 La tortue	78 Le poisson	125 La planète grise	189 Les animaux	194 Le château fort
24 L'éléphant	79 Le loup	126 Le vélo de Noémie	en danger	195 Les saisons
25 La souris	80 Les formes	127 Les voix	190 Le rock	196 Les transports
26 La baleine	81 Les Indiens	128 L'électroacoustique	192 Les pirates	216 La vie au temps
27 Le cheval	82 Le corps	135 Avant la naissance	201 L'âne	des Égyptiens
28 La maison	83 Le train	136 Naître	203 Le tigre	217 La ferme à travers
30 Le dinosaure	84 Le pingouin	137 L'impressionnisme	206 Le hérisson	les âges
31 Le bateau	85 Le Louvre	138 Les crèches	213 Les volcans	
32 Le bébé	86 La cathédrale	139 Le football	214 La marmotte	**Mon premier**
33 La ferme	87 Le chantier	140 Oscar peint		**livre-rébus**
34 L'heure	88 Le téléphone	141 Le nain de jardin	**J'observe**	205 Au parc
36 La rivière	89 Le papillon	142 Pingouins pas sages	129 La vie sous la ville	210 En vacances
37 L'image	90 Atlas du ciel	143 Grandir	130 Les animaux	
38 La jungle	91 Atlas de la terre	144 Le vent	sous la terre	**J'explore**
39 Plus ou Moins	92 Atlas	145 L'écureuil	131 Les animaux	**de tout près**
40 Le singe	des civilisations	146 Vivre ensemble	dans la nuit	197 La mare
41 L'abeille	93 Atlas des animaux	153 Halloween	132 Les maisons	198 La haie
42 La musique	en danger	154 Être grand	des insectes	199 Le jardin
43 La lumière	94 La sculpture	155 Paul Gauguin	133 Les poissons	200 Le bord de mer
44 Le cirque	95 Vincent Van Gogh	156 Le lion	134 Les dinosaures	204 Sous la pierre
45 L'aigle	96 Les vents	157 Internet	147 Le corps humain	208 Le désert
47 Le castor	97 Les percussions	158 Les bruits de la vie	148 Les grottes	215 Le chêne
48 La ville	98 Le plus fort	159 L'école	149 Le tombeau	
50 La boîte à outils	99 Le tour du monde	maternelle	égyptien	
51 Le palmier	100 Noël	160 Tom	150 Le ciel et l'espace	
52 Compter	101 Le champignon	petit fantôme	151 Le musée	
53 Le sport	102 La vache	161 Osley	du Louvre	
55 La pyramide	103 Le magasin	petit squelette	152 L'attaque	
56 La chouette	104 La préhistoire	162 Vladimir	du château fort	
57 Les portraits	105 La vie du corps	petit vampire	164 Paris	
58 Les paysages	106 Robo Lapin			

LES COLLECTIONS GALLIMARD JEUNESSE MUSIQUE

Les Imagiers
(tout-petits)

Mon imagier sonore
Mon imagier des amusettes
Mon imagier des rondes
Mon imagier de l'alphabet
Mon imagier des comptines à compter
Mon imagier des animaux sauvages
L'imagier de ma journée
Mon imagier en anglais

Coco le ouistiti
(dès 18 mois)

Coco et le poisson Ploc
Coco et les bulles de savon
Coco et la confiture
Coco lave son linge
Coco et les pompiers
Coco et le tambour

Mes Premières Découvertes de la Musique (3 à 6 ans)

Barnabé et les bruits de la vie
Charlie et le jazz
Faustine et les claviers
Fifi et les voix
Léo, Marie et l'orchestre
Loulou et l'électroacoustique
Max et le rock
Momo et les cordes
Petit Singe et les percussions
Tim, Tom et les instruments à vent
Tom'bé et le rap
Timbélélé et les musiques africaines
Cayétano et la musique sud-américaine
Zowa et la musique du maghreb

Musique et Langues
(3 à 6 ans)

Billy & Rose

Découverte des Musiciens
(6 à 10 ans)

Jean-Sébastien Bach
Ludwig van Beethoven
Hector Berlioz
Frédéric Chopin
Claude Debussy
Georg Friedrich Haendel
Wolfgang Amadeus Mozart
Henry Purcell
Franz Schubert
Antonio Vivaldi

Si ça me chante
(6 à 8 ans)

Le cirque
Les animaux de la jungle

Les Contes du bout du monde
(8 à 12 ans)

Un conte du Japon
Un conte du Cap Vert
Un conte de Madagascar

Grand répertoire
(8 à 12 ans)

Brundibar
Carmen
Cendrillon
Douce et Barbe Bleue
La Flûte enchantée
La Sorcière du placard à balais

Musiques d'ailleurs
(8 à 12 ans)

Antòn et la musique cubaine
Bama et le blues
Brendan et les musiques celtiques
Djenia et le raï
Jimmy et le reggae
Tchavo et la musique tzigane

Carnets de Danse
(8 à 12 ans)

La danse classique
La danse hip-hop
La danse jazz
La danse moderne

Musiques de tous les temps
(8 à 12 ans)

La musique au temps des chevaliers
La musique au temps du Roi-Soleil
La musique au temps de la préhistoire

Hors-Séries
(pour tous)

L'Alphabet des grands musiciens
L'Alphabet des musiques de films
Les Berceuses des grands musiciens
Les Berceuses du monde entier (vol. 1) et (vol. 2)
La Bible en musique
Chansons d'enfants du monde entier
Chansons de France (vol. 1) et (vol. 2)
Chanter en voiture
Les Fables enchantées
W. A. Mozart
Musiques à faire peur
La Mythologie en musique
Poésies, comptines… pour le soir
Poésies, comptines… pour tous les jours
Tout sur la musique !

TIM, TOM ET LES PERCUSSIONS

Responsable éditoriale :
Paule du Bouchet
Graphisme : **Concé Forgia**
Conseillère pédagogique de cet ouvrage :
Henriette Canac

ISBN : 2-07-058617-0
© Editions Gallimard Jeunesse, 1995
Premier dépôt légal : novembre 1995
Dépôt légal : avril 2006
Numéro d'édition : 144648
Imprimé en Italie par Editoriale Lloyd
Loi n° 49-956 du 16 juillet 1949
sur les publications destinées à la jeunesse